AF582276

150

MÉMOIRE

POUR LA COMMUNAUTÉ ET HABITANS DE LA PAROISSE D'HAYANGE,

DÉPARTEMENT DE LA MOZELLE;

Présenté par Jacques Tourneur, comme chargé de pouvoir.

MÉMOIRE

Pour la Communauté et Habitans de la Paroisse d'Hayange, Département de la Mozelle, présenté par le sieur Tourneur, chargé de pouvoir.

LORSQUE la nation française est rentrée dans ses droits, qu'elle les exerce aujourd'hui elle même en toute souveraineté, par le ministère de ses représentans, la communauté d'Hayange ne peut saisir une époque plus glorieuse pour réclamer ceux dont elle a été privée par un acte arbitraire.

Législateurs! c'est avec confiance qu'elle s'adresse à vous; songez que son existence dépend du décret que vous porterez; songez qu'elle est sur la frontière, et que si vous perpétuez sa misère, vous ne pourrez plus compter sur son énergie.

La communauté d'Hayange est composée d'environ cent feux, plus ou moins. Son territoire est hérissé de montagnes arides. Le sol d'en bas est ingrat : il ne peut supporter la culture du froment; à peine souffre-t-il celle du seigle qui est la seule qui soit en usage. Une vaste forêt, appellée la forêt d'Hayange, l'environne : cette forêt est comme un bras de la forêt des Ardennes à laquelle elle se réunit.

Autrefois la propriété de cette forêt d'Hayange étoit divisée en deux parties. Une moitié étoit dans les mains des comtes de Luxembourg, suzerains d'Hayange, et l'autre moitié dans celles des seigneurs servans d'Hayange.

Originairement les seigneurs d'Hayange, pour fixer les habitans dans leur seigneurie et en augmenter la population, à l'imitation de Louis-le-Gros, firent différentes concessions. Concession de commune, ou vaine pâture, pour les mettre en état d'élever des bestiaux; concession de prendre leur chauffage dans la moitié de la forêt qui étoit à eux, moyenant une redevance de trois poules par menage : c'est avec ces avantages qu'ils s'attachèrent avec leurs familles dans cette contrée alors déserte, et qu'ils luttèrent contre la stérilité de la terre. L'homme ne s'arrête que là où il trouve à pourvoir à ses besoins.

On ignore comment la commune, ou vaine pâture, s'est éclipsée. Mais pour le chauffage dans la forêt d'Hayange, il s'est conservé pendant long-tems.

La communauté d'Hayange ne rapporte point le titre de la concession primitive. Il s'est perdu dans la nuit des siècles ; mais il est suppléé par une charte de 1272, contenant cession et abandon par le seigneur d'Hayange, de la moitié qu'il avoit dans la totalité de la forêt d'Hayange, au comte de Luxembourg son souverain, qui avoit l'autre moitié.

Cette cession est faite à la charge de l'usage des habitans d'Hayange dans la moitié de la forêt, suivant qu'ils en ont toujours joui : *salvo tamen in dictis memoribus omnibus usu quem, homines de Hayange in eis habent prout habere hactenus consueverunt.*

Cette cession ne changea rien au sort des

habitans d'Hayange ; ils continuèrent à jouir de leur chauffage, comme auparavant.

Par la suite, le Luxembourg étant passé aux rois d'Hongrie, de-là dans la maison d'Autriche, les habitans d'Hayange obtinrent la permission de prendre dans la même forêt la glandée, en payant 10 florins d'or, indépendamment de la redevance de trois poules par menage pour le chauffage.

A la vérité, cette permission étoit revocable, et elle a été revoquée ; mais quant au chauffage, la possession des habitans d'Hayange se maintint sans obstacle.

Seulement en 1608, le receveur des domaines de Thionville, se disant autorisé de la chambre des comptes, auroit entrepris de les en priver ; mais les habitans d'Hayange repoussèrent avec force sa tentative désastreuse, et un jugement du conseil provincial de Luxembourg, rendu contradictoirement avec le procureur général et le receveur, confirma la jouissance du bois du chauffage, en payant la rente en poule comme de coutume.

En 1635, le receveur du domaine essaya une nouvelle tentative ; mais, à la vue du jugement de 1608, il l'abandonna.

Jusqu'en 1643, la possession des habitans d'Hayange a été tranquille ; mais la prise de Thionville, par le grand Condé, les rangea sous la domination française, comme étant dépendant de la prévôté.

Cette conquête ne donna aucune atteinte aux droits des habitans de Hayange dans la forêt de ce nom ; car, au contraire, la capitulation et les lettres-patentes du mois de décembre 1657, les assurèrent solemnellement. Le traité des Pyrénées de 1659 mit le sceau à cet engagement.

Aussi les habitans d'Hayange continuerent-ils paisiblement à jouir de leur chauffage ; mais en 1669, Louis XIV publia son ordonnance sur les eaux et forêts, et cette ordonnance par l'article 1er. du titre 20, les dépouilla contre la foi des traités de leur droit, sans leur accorder d'autres indemnités, que la décharge de la prestation des trois poules par ménage.

En ce temps-là, la prospérité de nos armes avoit ébloui Louis XIV ; fier de ses victoires il eût été dangereux de s'opposer à l'exécution de la loi émanée d'un prince qui parloit en maître, et qui vouloit être obéi ; obligés de céder à l'empire de l'autorité, les habitans d'Hayange se trouverent contraints de garder un respectueux silence.

Loin par le gouvernement de se relâcher de sa rigueur, il n'est devenu au contraire que de plus en plus rigide ; et c'est cette rigidité qui a réveillé la nation, et lui a fait secouer le joug sous lequel elle gémissoit.

A l'instant de notre révolution la communauté d'Hayange s'est occupée à se faire rétablir dans tous ses droits ; mais il falloit qu'elle attendît, malgré elle, l'organisation des corps administratifs.

D'ailleurs la forêt d'Hayange étoit sortie de la main du Roi, pour entrer dans celle de M. d'Espagnac, auquel elle avoit été donnée en échange du comté de Sancerre; M. d'Espagnac l'avoit vendue, cédée et transportée à une dame veuve Windelle, propriétaire des forges établies dans ce canton.

Un décret de l'assemblée nationale du 18 mars 1790, a surcis provisoirement à l'exploitation des bois provenant de l'échange, à peine de 1000 liv. d'amende par chaque arpent et de confiscation contre les engagistes, ou autres posesseurs réfractaires.

Un second décret du 9 novembre de la même année, a révoqué l'échange du comté de Sancerre, et a remis les choses dans l'état où elles étoient auparavant.

Au mépris de ces deux décrets, et singulièrement du premier, la communauté d'Hayange, informée que la dame veuve Windelle se disposoit à faire exploiter une coupe de 80 arpens de bois dans la forêt, ce qui auroit été une entreprise sur le droit de chauffage dans lequel la communauté d'Hayange étoit résolue à demander de rentrer, lui firent défense de passer outre par un acte extra-judiciaire du 25 novembre 1790.

Ces défenses ou opposition de la communauté d'Hayange, étoient fondées textuellement sur le décret du 18 mars; cependant traduit par la dame veuve Windelle, au directoire du département de la Mozelle, pour en avoir main-levée, c'est envain que la communauté d'Hayange, s'est appuyée sur le sursis indéfini à toute exploitation de bois domaniaux, engagé ou échangé, prononcé par l'assemblée nationale, le directoire du département de la Mozelle, a accordé la main-levée que la dame Windelle sollicitoit. Cette décision est du 25 janvier 1791.

Repoussée au directoire de son département, la communauté d'Hayange a recours à la justice souveraine de l'assemblée nationale.

Deux motifs la conduisent ; l'exploitation de 80 arpens de bois. Le rétablissement de son droit de chauffage.

Premier objet. Les directoires des départemens sont préposés pour veiller à l'exécution des loix émanées de l'assemblée nationale, et sanctionnées par le Roi, pour suivre et punir les réfractaires.

Par quelle fatalité le directoire de la Mozelle s'est-il permis d'enfraindre celle du 18 mars 1790.

Avoir de sa part autorisé la dame veuve Windelle, à exploiter 80 arpens de bois de la forêt de Hayange, au préjudice de l'opposition et des défenses de la communauté d'Hayange, dont il a fait main levée, c'est avoir commis une attentat à l'autorité de l'assemblée nationale ; c'est avoir abandonné au gaspillage les biens nationaux.

Le décret du 18 mars 1791, est précis et n'est susceptibles d'aucunes interprétations : il surseoit à l'exploitation des bois provenans d'échange. La forêt d'Hayange n'est parvenue à la dame Windelle, que par le moyen de l'échange du comté de Sancerre. Le sursis à l'exploitation des forêts échangées s'applique donc à celle d'Hayange.

Il importe en effet d'empêcher l'exploitation de cette forêt ; cette forêt est située sur les frontières ; elle en forme e rempart ; elle est utile pour l'approvisionnement des trains d'artillerie; et c'est au moment où la patrie est menacée de ce côté-là ; c'est au moment qu'il se fait des rassemblemens de troupes qui annoncent des projets hostiles, que le directoire du département de la Mozelle permet une coupe de 80 arpens. Veut-il donc ouvrir le pays à nos ennemis ? veut-il leur livrer passage ? ces considérations d'un ordre supérieur justifient la sagesse du surcis décrété, le 18 mars 1790, et sont suffisantes pour faire casser et révoquer le jugement du directoire du département de la Mozelle.

Second objet. Qu'avant 1669, la communauté et habitans d'Hayange eussent le droit de prendre leur chauffage dans la forêt d'Hayange, c'est ce qui ne peut faire la matière d'un doute raisonnable ; ce droit et la posession dans laquelle ils étoient d'en user, est établi et par la cession de 1272, et par la sentence du conseil provencial de Luxembourg de 1608, et par une autre de 1635.

Ce droit leur avoit été concédé héréditairement par les seigneurs d'Hayange. Cette concession n'avoit point été faite gratuitement ; mais bien à la charge d'une redevance de trois poules par ménage ; redevance que la communauté et les habitans d'Hayange ont toujours servie avec exactitude, tant que leur jouissance n'a point été interrompue.

Si cette concession avoit été agréable à la communauté et habitans d'Hayange, elle avoit été encore plus avantageuse au seigneur ; car indépendamment de la rente de trois poules par ménage, qui équivaloit alors à la valeur de la consommation de bois de chaque ménage, il avoit par cet apât peuplé sa seigneurie, fixé les cultivateurs, et fertilisé autant que la nature pouvoit le permettre une contrée qui seroit restée déserte.

Le droit de chauffage de la communauté et habitans d'Hayange, est donc non-seulement légitime ; mais favorable. C'est à l'ombre de la jouissance de ce droit que les agriculteurs, se sont transplantés au village d'Hayange, et l'ont habité. Aussi chaque fois que les agens du fisc ont voulu interrompre les habitans d'Hayange dans leur jouissance, ont-ils échoué dans leurs folles tentatives.

La conquête du grand Condé de la Ville de Thionville et de sa prévôté, dont la paroisse d'Hayange dépend, loin de faire perdre aux habitans de cette paroisse leur droit de chauffage, les consacra au contraire d'une manière authentique ; car un des articles de la capitulation contient expressément que les habitans du pays conquis demeurent conservés dans tous les droits dont ils jouissoient, et les lettres-patentes de 1657, confirment la capitulation.

Enfin le traité des Pyrenées de 1659, qui régla le sort des vainqueurs et des vaincus, ne transmit définitivement à Louis XIV la Ville de Thionville et sa prévôté, qu'à condition que les habitans seroient maintenus dans tous les droits et priviléges qu'ils avoient étant sous la domination d'Autriche.

Ainsi la communauté et habitans d'Hayange ont pour soutenir le droit d'échauffage qu'ils reclament non-seulement la concession qui leur en a été faite à titre onéreux, la jouissance immémoriale qu'ils en ont eue, les jugemens du conseil provincial du Luxembourg qui l'ont confirmée ; mais encore la capitulation, les lettres-patentes, et le traité des Pyrénées.

Pendant dix ans les habitans d'Hayange ne furent point inquiétés pour leur droit de chauffage ; tant il est vrai qu'on respectoit encor les conventions ; mais en 1669, ils en sont dépouillés inhumainement par l'ordonnance des eaux et forêts que Louis XIV fait promulguer ; là cesse leur posession dont la durée étoit si longue, qu'on n'en connoissoit pas le commencement.

La communauté et habitans d'Hayange l'avoue ; depuis 1669 jusqu'à présent ils ont été privés de leur droit de chauffage ; ensorte qu'aujourd'hui ils n'ont plus pour eux la possession, et qu'il semble que la prescription qui s'est écoulée, soit un obstacle insurmontable qui empêche qu'on ne puisse le faire revivre.

Mais pouvoit-on prescrire le droit de chauffage et de pâturage à des habitans, qui n'ont pas seulement de la paille pour nourrir leurs bestiaux, puisqu'il n'y a pas cinquante arpens de terres labourables ?

Nous soutenons la négative.

Le droit de chauffage dérive d'un contrat synalagmatique formé par le consentement et la volonté des parties contractantes : pour détruire ce contrat, il falloit le même concours.

On ne prescrit point contre son propre titre : voilà une première vérité.

Il en est des droits qui appartiennent aux communautés d'habitans, comme il en est des droits de la nation ; les uns et les autres sont imprescriptibles. Une nation n'est que le composé de plusieurs corps et communautés ; les droits de ceux-ci participent du privilége des droits de celles-là : une nation prise collectivement, comme des corps et communautés sont toujours censés mineurs, et c'est pour cela qu'on ne peut prescrire les droits qui leur appartiennent essentiellement.

La force, la violence, peuvent bien leur interdire l'usage de leurs droits ; mais tant que la violence dure, la prescription dort ; de-là cet axiome de droit : *contrà valentem non agere non currit præscriptio* :

S'il en étoit autrement, la nation Françoise elle-même n'auroit pas recouvré les droits de ses premiers ancêtres ; courbées sous le despotisme, plusieurs siècles auroient cimenté son esclavage,

C'est donc un principe de droit public, que le droit des nations ne se prescrit jamais ; que dans tous les temps les nations peuvent les faire valoir, les reprendre lorsqu'ils leurs ont été arrachés ou extorqués.

Le droit de chauffage et pâturage des habitans d'Hayange, est à leur égard un droit national ; il est aussi ancien qu'eux ; il remonte aux premiers hommes qui s'établirent dans cette contrée sauvage ; ils tiennent à honneur de marcher sur les traces des François, dont ils se glorifient d'êtres devenus frères. Français ! vous avez reconquis vos droits ; rendez-nous les nôtres : on ne peut pas plus nous opposer la prescription, qu'on ne pourroit l'opposer contre la révolution que vous avez opérée.

Notre non-jouissance ne provient point de notre fait ; nous avons été contraints de nous abstenir. Nos représentations n'auroient eu aucune efficacité ; l'ordonnance de 1669, étoit une loi impérieuse à laquelle il falloit se conformer sans murmure.

C'est cette ordonnance de 1669, qui a occasionné notre non-jouissance ; mais Louis XIV pouvoit-il par une ordonnance de son propre mouvement violer tout-à-la-fois les engagemens qu'il avoit pris dans une capitulation, et dans un traité de paix ? ne falloit-il pas le concours des mêmes puissances ? c'est sur la foi de notre capitulation que nous nous sommes soumis à la France. Les articles de notre capitulation ont été ratifiés par des lettres-patentes, ont été renouvellés dans le traité de paix définitif. La capitulation, les lettres-patentes, le traité de paix nous maintiennent dans tous nos droits ; nos droits sont par rapport à nous notre chauffage et dans la forêt d'Hayange. Est-il des titres plus respectables ? est-ce qu'il ne militent pas pour nous ? est-ce qu'ils ne s'élèvent pas contre l'ordonnance de 1669 ? et est-ce que notre non-jouissance que nous n'avons point consentie, qui a été forcée, peut nous priver d'un droit que les loix de la guerre nous avoient garanti et assuré ?

Nous pourrions faire ce dilemme, ou tenez

les articles de notre capitulation du traité de paix des Pyrénées, ou renoncez à votre souveraineté.

Mais la France est notre patrie ; nous partagerons ses succès, comme ses revers. Les droits des citoyens trop long-temps méconnus, sont maintenant stipulés par leurs représentans ; ils peseront les nôtres; ils les régénéreront comme ils ont régénéré ceux de la nation. La justice, l'humanité parlent pour nous.

La justice. Nous sommes fondés en titre et en possession. Notre non-jouissance est le fait du prince et non pas le nôtre. Il faut nous juger dans l'état où nous étions avant 1669. Il faut nous juger d'après le traité des Pyrenées, les lettres-patentes, notre capitulation, d'après la sentence du conseil provincial du Luxembourg de 1608, et l'acte de cession de 1272.

L'humanité. La paroisse d'Hayange est malheureuse ; son territoire ne produit presque rien. Avec le chauffage les femmes préparent les alimens, tandis que les hommes vont travailler aux forges, où ils gagnent dix à douze sous par jour. La consommation de 150 feux est d'ailleurs peu considérable (1). La redevance de trois poules par ménage est onéreuse pour les les pauvres, puisqu'elle est la même pour les ménages riches et pour ceux qui ne le sont pas.

---

(1) Un homme qui a vieilli dans l'étude des forêts, J. Balland, a prouvé que les *usages* dans les forêts sont une économie, parce qu'ils mettent fin aux coupes furtives.

La communauté et les habitans d'Hayange proposent de payer une somme équivalente à ce droit, en surcharge d'impôt, qui seroit répartie sur toutes les familles, en raison de leur richesse et de leur consommation. Sécourez les campagnes; elles sont épuisées; vous ferez renaître le bonheur.

Le droit de pâturage dans les forêts défensables leur est nécessaire pour alimenter leurs bestiaux, dans un pays aride où les prairies manquent absolument.

Dans ces circonstances, la communauté et habitans d'Hayange, supplient l'assemblée nationale :

1°. De casser et révoquer le jugement rendu par le directoire du département de la Mozelle, en faveur de la dame veuve Windelle le 25 janvier 1791, de faire défense à la dame veuve Windelle de passer outre, à l'exploitation de 80 arpens de bois dans la forêt d'Hayange, ni d'aucune autre partie.

2°. De décréter que la capitulation de Thionville et de sa prévôté, ensemble le traité des Pyrénées seront exécutés selon leur forme et teneur, en conséquence les renvoyer en possession et jouissance du droit de chauffage et pâturage dans la forêt d'Hayange; à l'effet de quoi leur donner acte de leurs offres de payer en surcharge d'imposition, l'équivalent de la redevance de trois poules par ménage. La communauté et habitans d'Hayange, joignent à leur mémoire les piéces qui suivent :

La premiere. Est l'expédition de l'acte de 1272.

La seconde. Est la sentence du conseil du Luxembourg du 29 mars 1608.

La troisième. Est une autre sentence du même tribunal du 26 mars 1635 :

La quatrième. Est la délibération de la commune d'Hayange du 24 novembre 1790 :

La cinquième. Est l'opposition qu'elle a formée entre les mains de la dame Wendelle le lendemain 25 novembre :

La sixième et dernière, du 5 janvier 1791, est la sentence rendue par le directoire du département de la Mozelle.

Signé, JACQUES TOURNEUR, *comme chargé de pouvoir.*

De l'Imprimerie du CERCLE SOCIAL, rue du Théâtre Français, N°. 4.

www.ingramcontent.com/pod-product-compliance
Lightning Source LLC
LaVergne TN
LVHW050516160826
845677LV00003B/1166

* 9 7 8 2 3 2 9 6 3 0 3 4 2 *